CATALOGUE

DE

TABLEAUX

GRAVURES, CURIOSITÉS, MÉDAILLES, MARBRES,
TERRES CUITES, BRONZES, BOIS SCULPTÉS,
INSTRUMENTS DE MUSIQUE

PARMI LESQUELS :

Un ROUET

Ayant appartenu à Mme ÉLISABETH de France, sœur du roi Louis XVI,
avec certificat d'origine ;

Un Violon de STRADIVARIUS
Un Violon de GUARNÉRIUS

BEAU CHRIST EN MARBRE BLANC D'UNE SEULE PIÈCE ;
BUSTE EN MARBRE, ATTRIBUÉ A **CANOVA** ;
MÉDÉE, STATUE EN BRONZE, PAR **PRADIER** ;

DONT LA VENTE AUX ENCHÈRES PUBLIQUES AURA LIEU

Par suite de Décès de M. de L......

HOTEL DES COMMISSAIRES-PRISEURS
RUE DROUOT, N° 5

SALLE N° 6, AU PREMIER ÉTAGE

Le Samedi 14 Décembre 1867, à 2 heures précises de relevée.

Par le ministère de Me **EMILE LECOCQ**, Commissaire-Priseur,
rue de la Victoire, 20,

Assisté de M. Ch. **ROUILLARD**, Expert, route de Versailles, 164,
à Billancourt (Seine),

CHEZ LESQUELS SE DÉLIVRE LE PRÉSENT CATALOGUE

EXPOSITION PUBLIQUE

Le VENDREDI 13 Décembre 1867, de 2 heures à 5 heures.

PARIS — 1867

CATALOGUE

DE

TABLEAUX

GRAVURES, CURIOSITÉS, MÉDAILLES, MARBRES, TERRES CUITES, BRONZES, BOIS SCULPTÉS, INSTRUMENTS DE MUSIQUE

PARMI LESQUELS :

Un ROUET

Ayant appartenu à Mme ÉLISABETH de France, sœur du roi Louis XVI, avec certificat d'origine;

Un Violon de STRADIVARIUS
Un Violon de GUARNÉRIUS

BEAU CHRIST EN MARBRE BLANC D'UNE SEULE PIÈCE;

BUSTE EN MARBRE, ATTRIBUÉ A **CANOVA**;

MÉDÉE, STATUE EN BRONZE, PAR **PRADIER**;

DONT LA VENTE AUX ENCHÈRES PUBLIQUES AURA LIEU

Par suite de Décès de M. de L......

HOTEL DES COMMISSAIRES-PRISEURS
RUE DROUOT, N° 5

SALLE N° 6, AU PREMIER ÉTAGE

Le Samedi 14 Décembre 1867, à 2 heures précises de relevée.

Par le ministère de Me **EMILE LECOCQ**, Commissaire-Priseur, rue de la Victoire, 20,

Assisté de M. **Ch. ROUILLARD**, Expert, route de Versailles, 164, à Billancourt (Seine),

CHEZ LESQUELS SE DÉLIVRE LE PRÉSENT CATALOGUE

EXPOSITION PUBLIQUE

Le Vendredi 13 Décembre 1867, de 2 heures à 5 heures.

PARIS — 1867

CONDITIONS DE LA VENTE

———

Elle sera faite au comptant.

Les Acquéreurs paieront CINQ POUR CENT en sus du prix d'adjudication.

NOTA. Le Rouet, les Violons, le Christ et le Buste en marbre, et la Médée, seront vendus à 4 heures précises.

TABLEAUX

AUBRY.

1 La Correction maternelle. (Sur bois.)

ANGELIKA KAUFFMAN.

2 Jeune Femme tenant une urne dans ses bras. (Miniature.)

Signé du Monog. A G.

3 Vue de Suisse. Paysage. (Sépia.)

BELLANGER (d'après) par LARMINAT.

4 Grenadier français. (Aquarelle.)

CORRÉGE (D'après.)

5 La Vierge et l'enfant Jésus.

CASTELLI.

6 Jeune Femme. Tête d'expression. (Aquarelle.)

DIAZ.

7 Intérieur de forêt.

DEVEDEUX.

8 Scène des Mystères de Paris.

DROLLING (D'après.)

9 Intérieur de Sacristie.

DUMOULIN (Darcy.)

10 Cheval blanc à l'écurie.

EISEN.

11 Scène pastorale. (Miniature sur nacre.)

ÉCOLE ESPAGNOLE.

12 Crucifiement de saint Pierre. (Sur cuivre et parqueté.)

FRANCK (D'après Rubens.)

13 Jugement de Salomon. (Tableau sur cuivre et parqueté dans un cadre de bois sculpté.)

ÉCOLE FRANÇAISE.

14 Sujet du temps de Louis XVI, dans un riche cadre en bois sculpté.

ÉCOLE FRANÇAISE (Stella.)
DANS LA MANIÈRE DE MIGNARD.

15 Sainte Cécile.

ÉCOLE FLAMANDE.

16 Jeune Sainte assistée par un ange.

GREUZE (Attribué à.)

17 Portrait de jeune Femme coiffée d'un turban.

GREUZE (Manière de).

18 Jeunes Filles dont l'une joue de la Mandoline.

GOWÆRT-FLINCK (École de Rembrandt.)

19 Savant dans son cabinet de travail.

HUE.

20 Marine avec barque.

INCONNU.

21 Portrait d'Homme, la tête coiffée d'un bonnet de laine
de couleurs variées. (Sur bois.)

INCONNU.

22 Paysage représentant un monument recouvrant un
tombeau. (Miniature.)

INCONNU.

23 Portrait d'Homme. (Miniature.)

INCONNU.

24 Portrait du fabuliste Lafontaine, du temps, dans un cadre en bois doré. (Miniature.)

INCONNU.

25 Deux Miniatures fixés représentant des Paysages.

INCONNU.

26 Tête de vieillard représentant Moïse. (Miniature.)

INCONNU.

27 Portrait de Mahomet. (Miniature.)

INCONNU.

28 Brigand napolitain blessé, dans un cadre en bois sculpté.

INCONNU.

29 Sujet tiré de la vie de Jésus-Christ. (Dessin à la mine de plomb.)

ÉCOLE ITALIENNE.

30 Portrait d'un Condottieri dans un cadre en bronze doré. (Miniature.)

LAJOIE.

31 Danse villageoise. (Miniature.)

PH. LEDIEU.

32 Chasse au marais, par un soleil couchant.

LEWIS BROWN (Signé du Monog. L. B.).

33 Esquisse peinte à l'huile.

LEBRUN (D'après.)

34 La Madeleine au pied du Christ. (Sur toile.)

B. LECLÈRE.

35 Portrait d'une Actrice.

MORALÈS (École de)

36 Christ au Roseau.

MIGNARD (École de).

37 Persée délivrant Andromède. (Gouache sur vélin.)

OUDRY.

38 Chien en arrêt sur des Faisans, au milieu d'un massi
de fleurs.

N. POUSSIN (École de.)

39 Adoration des Bergers.

REMBRANDT.

40 Le Marchand juif.

RAPHAEL MENGS.

41 Portrait en pied de Catherine II, de Russie, en grand costume.

ROBERT-HUBERT (D'après.)

42 Paysage avec ruines. Vue prise en Italie.

ROSALBA-CARRIERE.

43 Dessus de Tabatière représentant une jeune Femme tenant une Colombe dans la main. (Miniature.)

RUBENS (École de.)

44 Têtes de Femmes âgées. (Étude.)

SCHULTZ.

45 Miniature fixé, représentant un Port de mer, orné de Figures.

ÉCOLE SUISSE.

46 Intérieur d'Église. (Aquarelle.)

ÉCOLE SUISSE (Signé 1826, J.)

47 Scène de Cabaret. (Aquarelle.)

ÉCOLE SUISSE (Signé du Mong. J., 1826.)

48 Le Télescope. (Aquarelle.)

TÉNIERS (D'après.)

49 Paysan faisant de la musique.

VAN BALEN.

50 Vierge et Enfant Jésus, dans un cadre ovale en bois sculpté.

VALLON DE VILLENEUVE.

51 Jeunes Filles sortant du bain.

VALLON DE VILLENEUVE.

52 Femme nue endormie. (Aquarelle.)

GRAVURES

SUBLEYRAS (D'après.)

53 La Madeleine jetant des parfums aux pieds du Christ. (Gravure en couleur.)

ÉCOLE FRANÇAISE.

54 — Vénus et l'Amour. (Gravure en couleur sous verre.)

GRAVURES ANCIENNES.

55 — Par divers Artistes. (Sous verres.)

56 — Un Carton de gravures de diverses écoles.

57 — Un Carton rempli de caricatures par divers artistes.

CURIOSITÉS, MÉDAILLES

58 — ROUET ayant appartenu à Madame Élisabeth de
France, sœur du roi Louis XVI, avec certificat d'origine scellé, ainsi conçu :

« Je certifie que le petit rouet en cuivre doré a
appartenu à Madame Élisabeth de France, sœur de
Louis XVI, qu'il a été donné par Madame Rognart à
la Mère du Saint-Nom de Jésus, Supérieure de la
Communauté de l'Abbaye-aux-Bois.

« *Paris, le 7 avril 53*

« Signé :   M. du Saint-Sacrement,

« Conseillère. »

A la suite de ce certificat se trouve la mention sui-
vante :

« Ayant l'avantage de connaître les Dames Reli-
gieuses du Couvent de l'Abbaye-aux-Bois, je certifie
que la déclaration et la signature de Madame du Saint

Sacrement sont parfaitement authentiques et dignes
de toute créance.

« *Paris, le 8 avril 1853.*

« Signé :   L. LEGRAND.

« Curé de Saint-Germain-l'Auxerrois. »

59 — Deux Seaux à rafraîchir, en tôle peinte et vernie.

60 — Deux Loupes montées l'une en cuivre et l'autre en
corne.

61 — Une paire de Babouches arabes, en velours cra-
moisi, brodées en fin.

62 — Estampe argentée : La Résurrection du Christ, sous
verre et velours.

63 — Un petit Panier monté en bronze doré, avec pein-
tures chinoises.

64 — Une petite Boîte laque rose, avec un portrait de
jeune homme, renfermant quelques médailles argent
et or et débris de bijoux.

65 — Plaque en galvanoplastie : la Vierge à la Chaise
et l'enfant Jésus, d'après Raphaël.

66 — Petit Socle en marbre blanc et bronze doré.

67 — Un Vase étrusque.

68 — Deux Tabatières en buis doublées d'écaille, avec
dessus représentant des paysages par *Bidault.*

69 — Tabatière avec miniature de l'École française,
représentant une jeune femme du siècle de Louis XVI
montrant à un jeune enfant un nid d'oiseaux.

70 Belle Pendule Louis XVI, à pyramide avec camaïeux en biscuit, fond bleu et ornement, en bronze finement ciselés et dorés.

71 — Deux Biscuits représentant un portrait de Franklin et un nègre à genoux.

72 — Portrait de Louis XV, biscuit de Sèvres.

73 — Ivoire sculpté représentant une statue de la Justice entourée d'un cadre en bois sculpté, style gothique.

74 — Une petite Tête de mort en ivoire et un Portrait de Chérubini en ivoire ancien.

75 — Petit Écritoire de voyage, plume et porte-crayon anciens en ivoire, avec garniture en or, dans son étui en chagrin.

76 — Deux Flambeaux anciens en verre de Venise.

77 — Deux petites Théières, dont une est légèrement fracturée, en porcelaine bleue Barbeau.

78 — Trois Soucoupes en porcelaine de Chine.

79 — Fusil à piston, à un coup.

80 — Un Couteau de chasse; une Lame d'épée sans la poignée, et un Coupe-papier.

81 — Une paire de Pistolets d'arçon.

82 — Médailles et Monnaies anciennes.

MARBRES, TERRES CUITES

83 — Magnifique Christ en croix, en marbre blanc, *d'une seule pièce*, par Dubois. Réduction du Christ placé à l'église Saint-Merry ; riche cadre en chêne sculpté, fond en velours grenat.

84 — Un beau Buste en marbre blanc, portrait de Napoléon Ier. Attribué à *Canova*.

85 — Petit Bas-relief en terre cuite : Adam et Eve, esquisse par Huguenin.

86 — Petit Médaillon en terre cuite, projet de Fronton du Palais de l'Industrie ; esquise par Huguenin.

BRONZES

87 — Une très-belle Satue en bronze : la *Médée de Pradier*.

88 — Petit Christ en bronze sur une croix, en bois d'ébène.

89 — Un petit Bénitier en bronze doré, style rocaille.

90 — Un Bénitier en bronze doré, dont la plaque du milieu représente la Vierge et l'Enfant Jésus.

91 — Monument en bronze, représentant le Tombeau de l'Empereur Napoléon Ier.

92 — Deux Médaillons en bronze : Portraits de Napoléon Ier et de l'Impératrice Marie-Louise, cadre en chêne entouré d'un cercle doré.

93 — Buste en bronze de l'Empereur Napoléon Ier sur un socle en bois.

94 — Deux Groupes en bronze : les Chevaux de Marly. réduction.

95 — Petite Statuette en bronze doré, supportée par trois Dauphins.

96 — Une Pendule en bronze doré, du temps de Louis XVI. surmontée d'un vase avec console et fût de colonne.

97 — Deux Flambeaux en bronze doré. avec deux petits Amours : Satyres en bronze.

98 — Deux petits Flambeaux en bronze Louis XVI. à colonnes.

99 — Deux petits Flambeaux Louis-XVI, en marbre blanc et gris, avec ornements en bronze doré et finement ciselés ; le haut formant vase en bronze doré.

100 — Deux petits Flambeaux Louis XIII. en bronze.

BOIS SCULPTÉS

101 — Christ en croix, en bois sculpté.

102 — Une petite Statuette en bois sculpté, représentant saint Jean.

103 — Surtout en bois sculpté.

104 — Console en bois sculpté, représentant une tête d'Ange.

105 — Un Cadre en bois sculpté du temps de Louis XVI, contenant une Bergerie sur papier découpé.

106 — Plusieurs fragments représentant des têtes d'Anges et de Femmes, et autres objets en bois sculpté.

INSTRUMENTS DE MUSIQUE

107 — Un Violon : Antonius Stradivarius, cremonensis, faciebat, anno, 1703.

108 — Un Violon : Josephus Guarnerius Andreæ filius, fecit Cremonæ, 1730.

109 — Un Violon et plusieurs archets.

110 — Une Flûte avec clefs en argent.

111 — Un Tambour d'orchestre.

112 — Sous ce numéro, les Objets non catalogués.

Renou et Maulde, Imprimeurs de la Compagnie des Commissaires-Priseurs, rue de Rivoli, 144.   9767

www.ingramcontent.com/pod-product-compliance
Lightning Source LLC
LaVergne TN
LVHW010906180726
843502LV00010B/3999